Dear Iranian Diaspora,

We hope these resources are able to
simplify your Persian learning journey
with your loved ones and help pass on our persian heritage.

With Love,
Bá Eshgh,

Moná, Aví, Áríe, Alía & Milly

Baráyeh bozorg va kúchúlú

Big
Bozorg
بُزُرگ

Little
Kúchúlú
کوچولو

After reading the Englisi Farsi Persian Alphabet Book, the student can practice reading & writing the Persian Alphabet.

Read, write & repeat.

Important / مُهِم / Mohem:
Persian is written
From right to left ←

Englisi →

I like to write

Man dúst dáram benevísam

مَن دوست دارم بِنِویسم

← Fársí

Englisi →

I like to read

Man dúst dáram be<u>kh</u>únam

مَن دوست دارم بِخونَم

← Fársí

Englisi Farsi Persian Practice Book: The Persian Alphabet Alef Báye Fársí

The Persian Alphabet

Alef báye Fársí

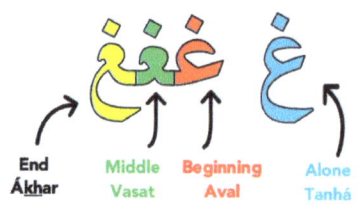

End
Ákhar
Middle
Vasat
Beginning
Aval
Alone
Tanhá

Á á آ 'Alef ا ا	A a اَ ـَ ـَ	B b ب Be ببب	D d د dál د د
E e اِ ـِ ـِ	F f ف fe ففف	G g گ gáf گگگ	H h ه he ههه
H h ح he ححح	Í í ی ye ییی	J j ج jim ججج	K k ک káf ککک
L l ل lám للل	M m م mím ممم	N n ن nún ننن	O o اُ ـُ ـُ

P p پ pe پپپ	**Q q** ق qáf ققق	**R r** ر re رر	**S s** س sin سسس
S s ص sád صصص	**S s** ث se ثثث	**T t** ت te تتت	**T t** ط tá ططط
Ú ú / V v و váv وو	**Y y** ی ye ییی	**Z z** ذ zál ذذ	**Z z** ز ze زز
Z z ض zád ضضض	**Z z** ظ zá ظظظ	**Ch ch** چ che چچچ	**Gh gh** غ ghayn غغغ
Kh kh خ khe خخخ	**Sh sh** ش shín ششش	**Zh zh** ژ zhe ژژ	ع ٔ ayn ععع

Englisi Farsi Persian Practice Book: The Persian Alphabet Alef Báye Fársí

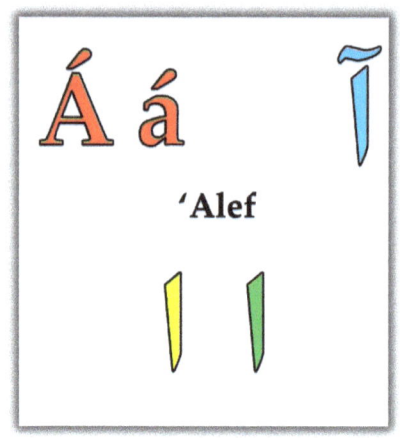

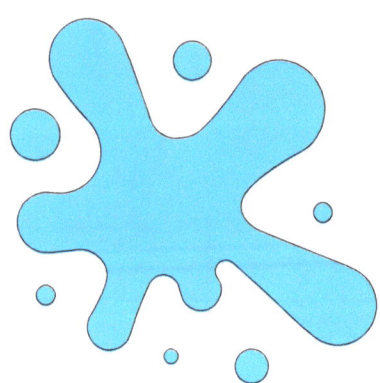

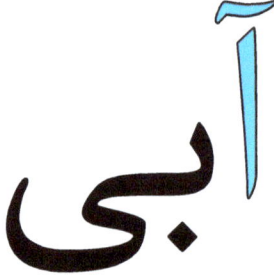

Á á آ

'Alef

ا ا

آبی

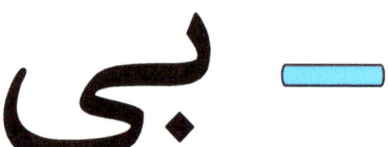

– بی

Áá

آ ا

[ALEF]

آ

آب

آرد

آبی

آدَم

A a اَ

ـَ ـَ

اَسب

ـ سب

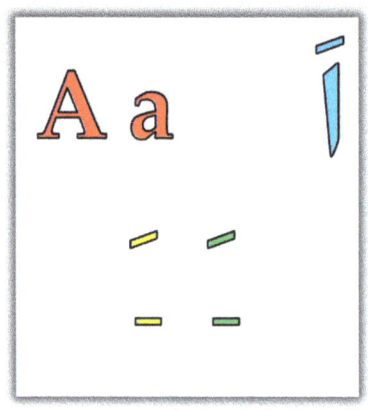

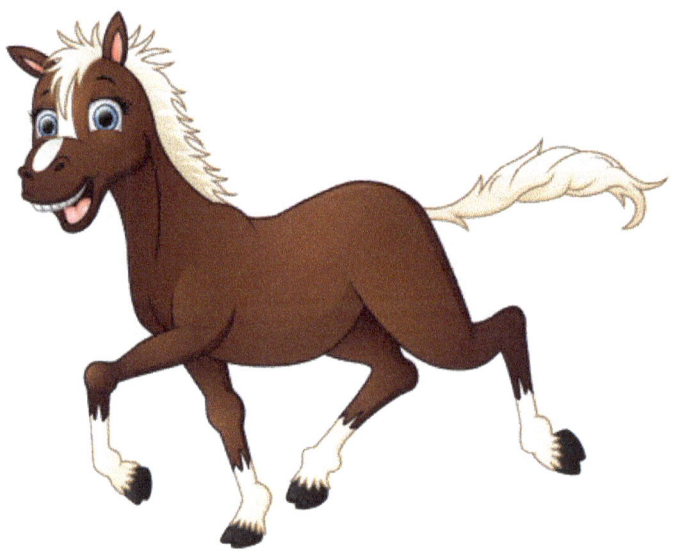

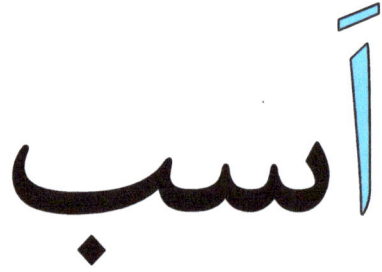

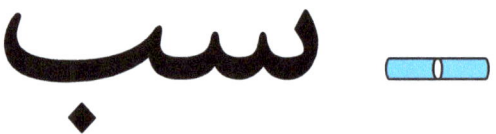

Aa

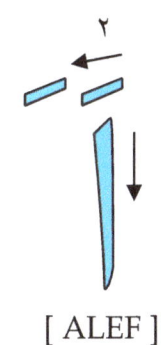

[ALEF]

اَ

اَسب

اَبر

اَنار

بَبر

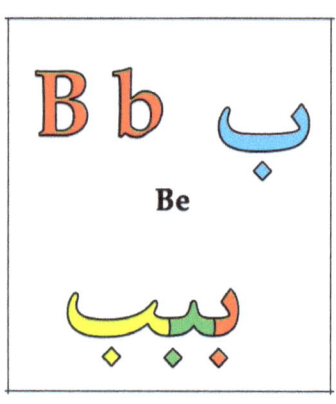

B b ب

Be

ببب

بوس

ـوس

Englisi Farsi Persian Practice Book: The Persian Alphabet Alef Báye Fársí

Bb

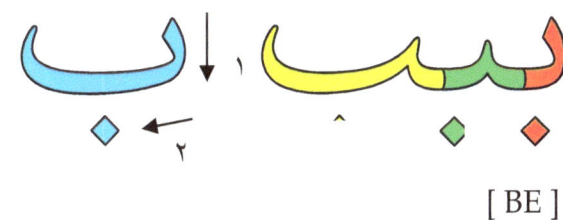

ببب ب

[BE]

ب

بابا

بَبر

بَرادَر

باد

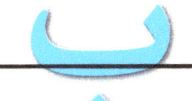

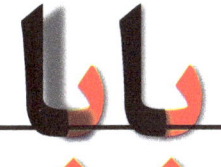

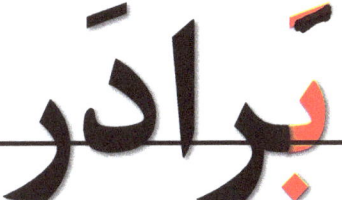

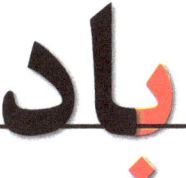

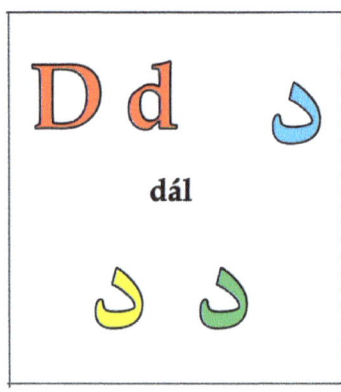

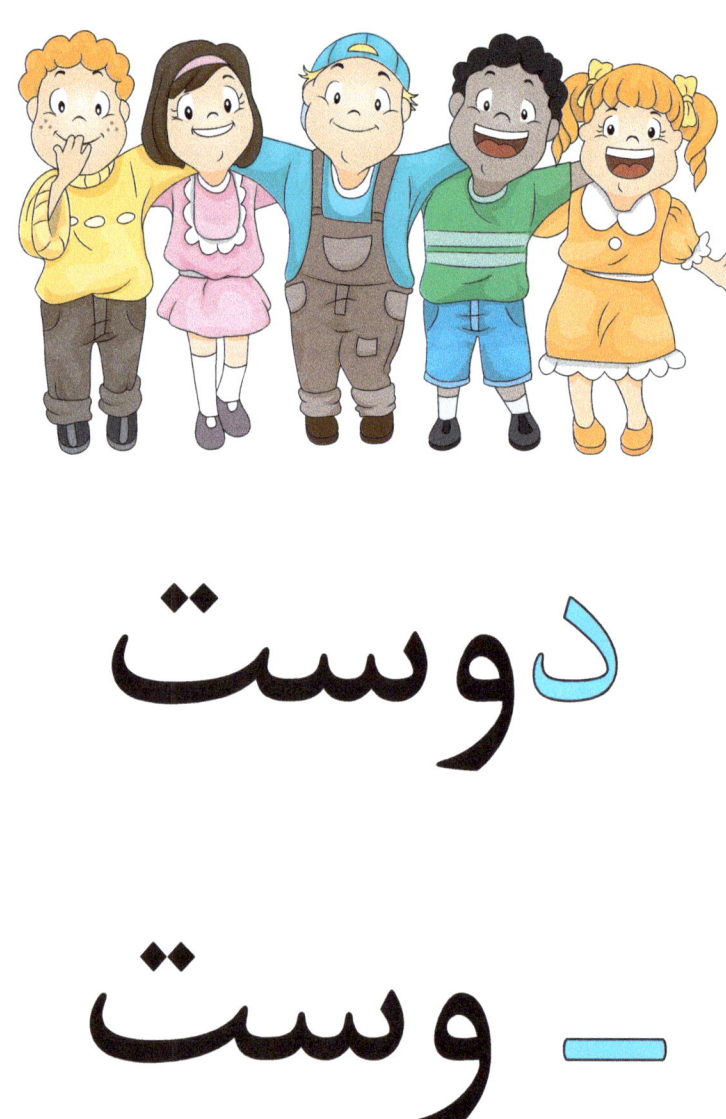

Dd د

dál

د د

دوست

ـ وست

Dd

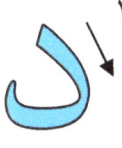

د

[DÁL]

د

بَد

داد

دَر

دَست

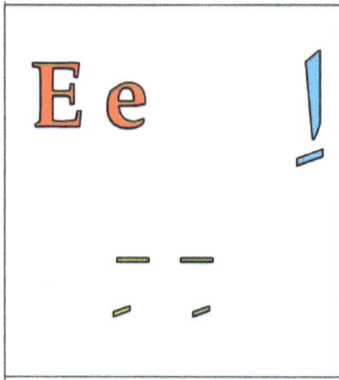

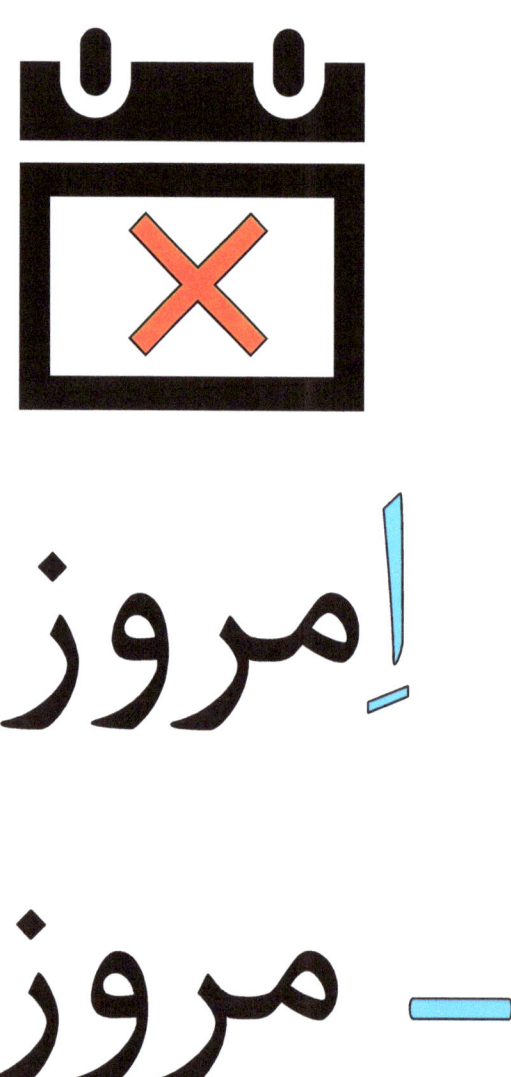

E e اِ

ـِ ـِ

اِمروز

مروز ـ

Englisi Farsi Persian Practice Book: The Persian Alphabet Alef Báye Fársí

Ee

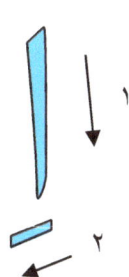

اِ

اِسم

نِدا

مِداد

اِمروز

Englisi Farsi Persian Practice Book: The Persian Alphabet Alef Báye Fársí

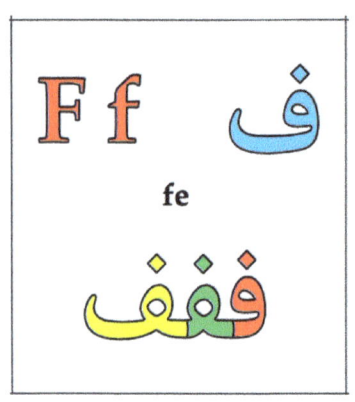

Ff ف

fe

ففف

فیل

ـیل

Englisi Farsi Persian Practice Book: The Persian Alphabet Alef Báye Fársí

Ff

[FE]

ف

فیل

بَرف

کیف

کَفش

Englisi Farsi Persian Practice Book: The Persian Alphabet Alef Báye Fársí

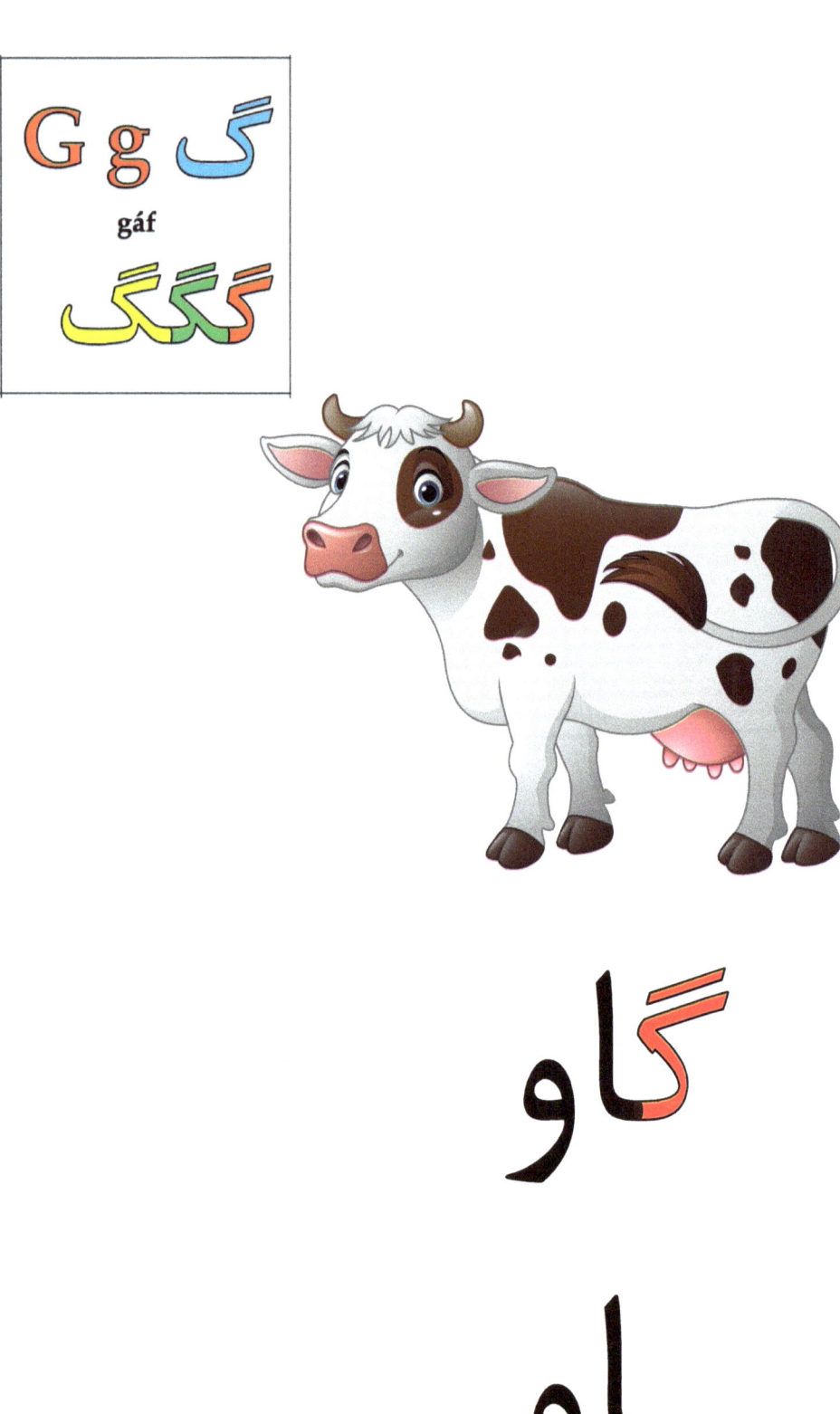

G g گ

gáf

گگگ

گاو

ـاو

Gg

[GÁF]

گ

گاو

گوش

بَرگ

گُرگ

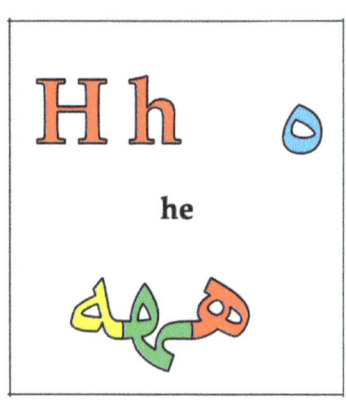

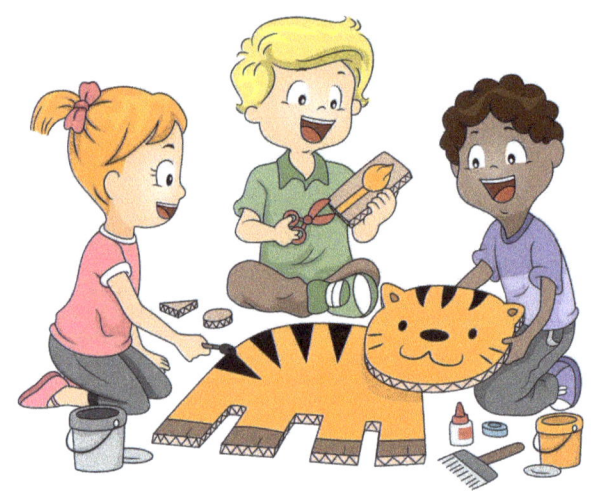

H h ه

he

ههه

هَمکاری

ـَمکاری

Hh

هـ ـهـ ـه ه

[HE]

ه

سِه

هِندِوانِه

سِتاره

نَهَنگ

Englisi Farsi Persian Practice Book: The Persian Alphabet Alef Báye Fársí

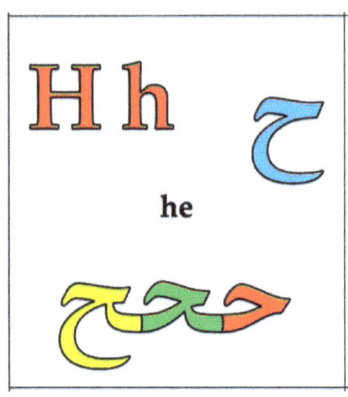

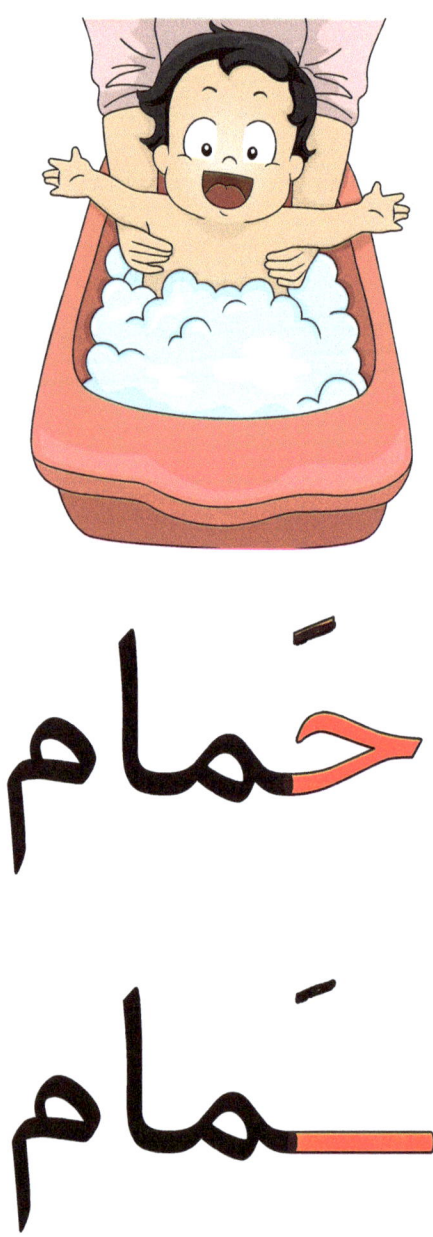

H h ح

he

ححح

حَمام

ـَمام

Englisi Farsi Persian Practice Book: The Persian Alphabet Alef Báye Fársí

Hh

[HE]

ح

حَرف

حَمام

حیوان

حَشَرِه

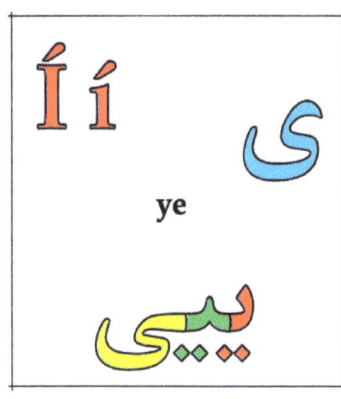

Í í ی

ye

ییی

ایران

ـــران

Englisi Farsi Persian Practice Book: The Persian Alphabet Alef Báye Fársí

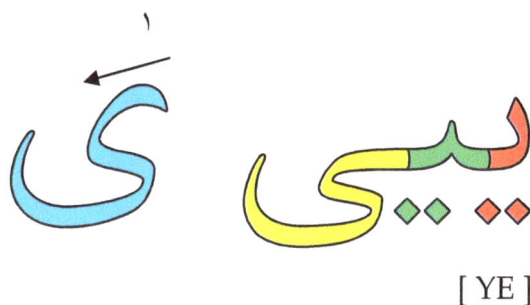

Íí

یـ یـ ی یَ

[YE]

ی

سیب

ایران

ماهی

بَستَنی

Englisi Farsi Persian Practice Book: The Persian Alphabet Alef Báye Fársí

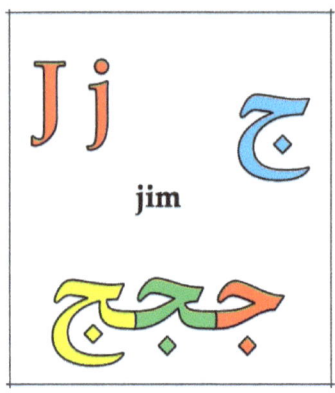

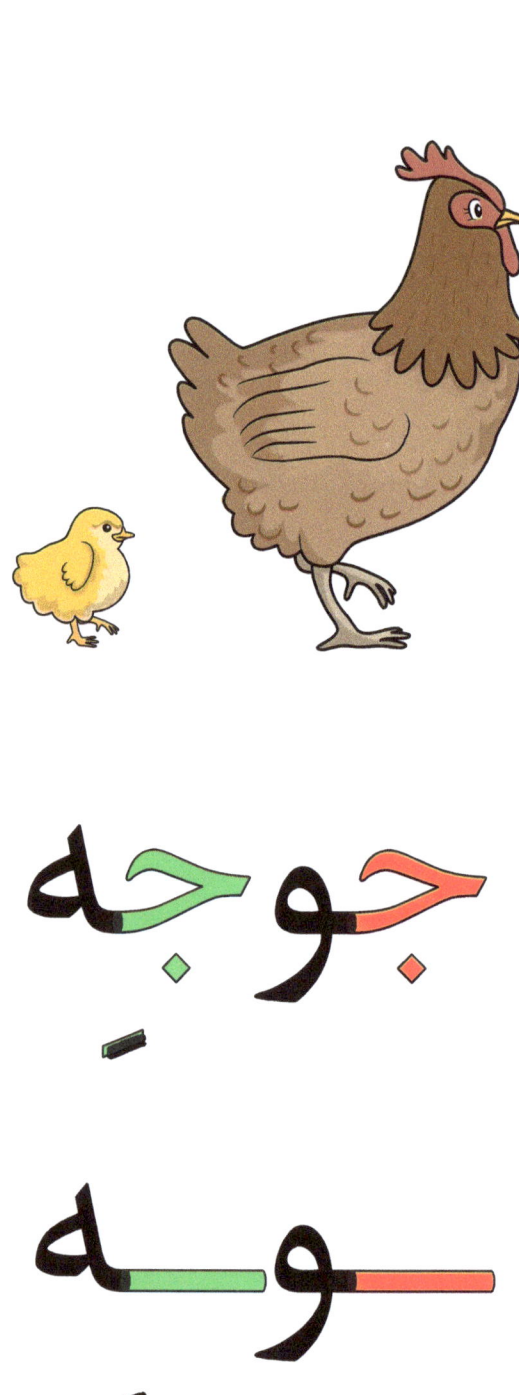

J j ج

jim

ججج

جوجه

ـِ

ــوــه

ـِ

Jj

ججـج ج

[JIM]

خ

جوجِه

جارو

خوراب

اَنجیر

Englisi Farsi Persian Practice Book: The Persian Alphabet Alef Báye Fársí

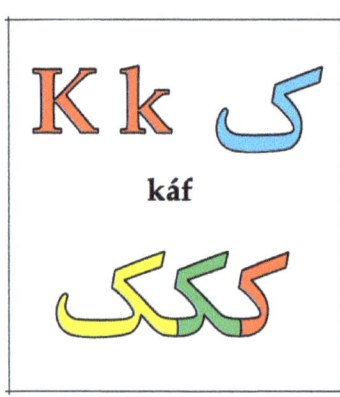

K k ک

káf

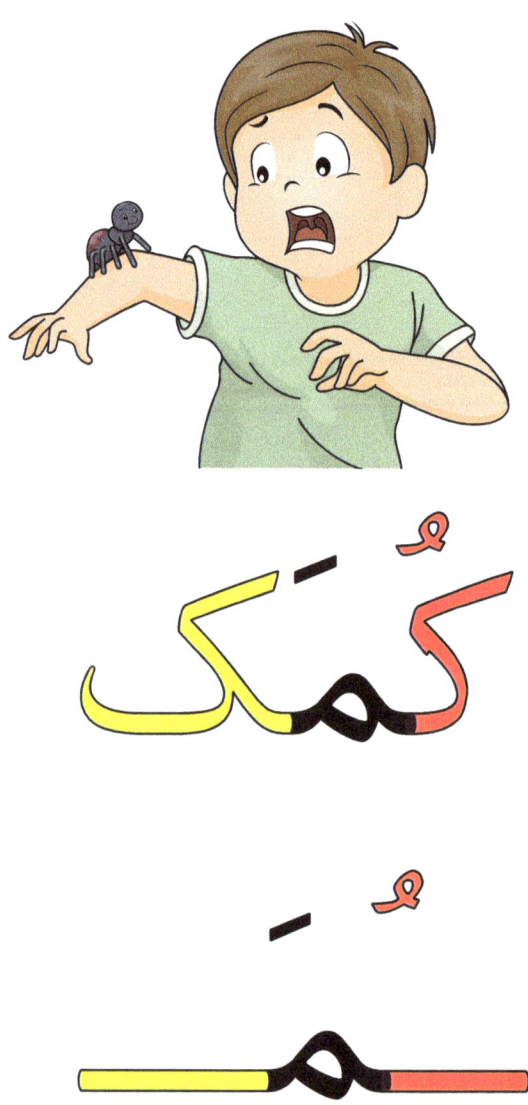

ککک

کُمَک

ـُـمَـ

Kk

ک ک ک گ

[KÁF]

ک

کودَک

بادکُنَک

کِتاب

کُمَک

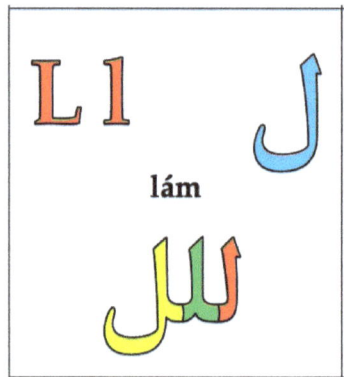

L l

ل

lám

للل

لاک پُشت

ـــاک پُشت

Englisi Farsi Persian Practice Book: The Persian Alphabet Alef Báye Fársí

Ll

ل ﻠﻠﻠ

[LÁM]

ل

لَب

گُل

لیمو

کِلید

Englisi Farsi Persian Practice Book: The Persian Alphabet Alef Báye Fársí

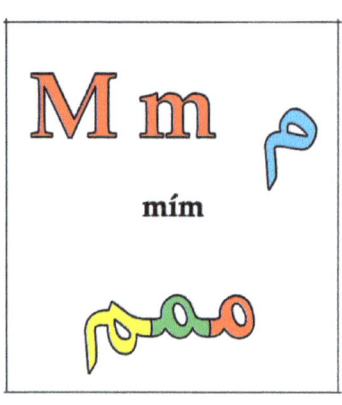

M m م

mím

ممم

موش

ـوش

Englisi Farsi Persian Practice Book: The Persian Alphabet Alef Báye Fársí

Mm

ممم م

[MÍM]

م

مار

مادَر

مِیمون

موز

Englisi Farsi Persian Practice Book: The Persian Alphabet Alef Báye Fársí

N n ن

nún

ننن

نِگاه

ـــِگاه

Englisi Farsi Persian Practice Book: The Persian Alphabet Alef Báye Fársí

Nn

[NÚN]

ن

نان

نَفس

اَنار

دَندان

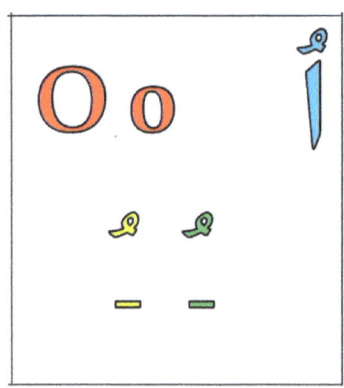

Oo أُ

ُ ُ

ـ ـ

أُردَک

ـ ردَک

Englisi Farsi Persian Practice Book: The Persian Alphabet Alef Báye Fársí

Oo

۲ ۱

أُ

أُ

أُرْدَک

دُم

بُز

شُتُر

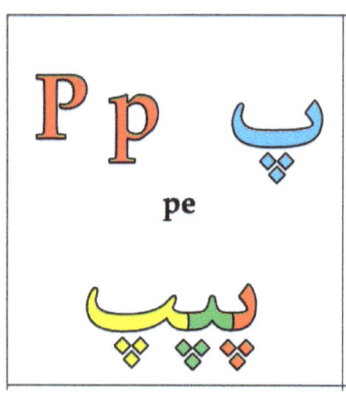

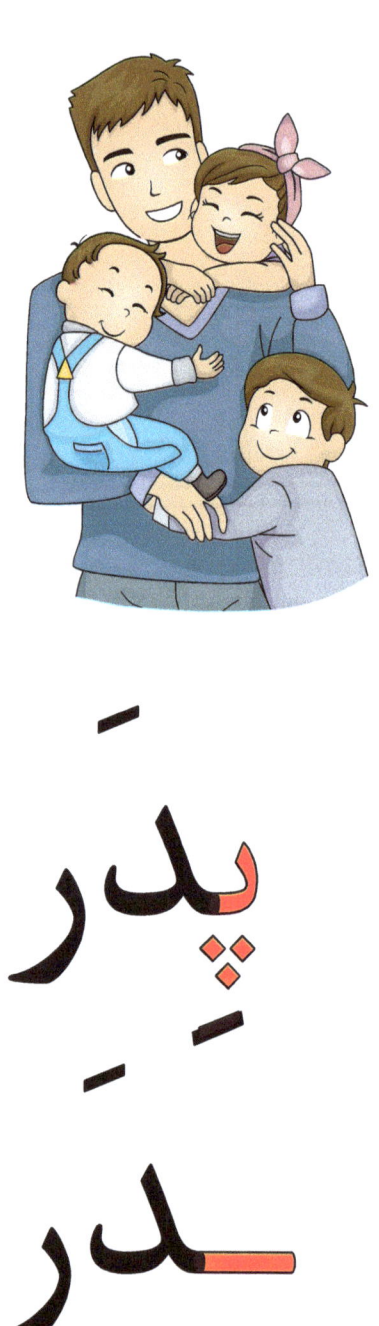

Pp پ

pe

پپپ

پِدَر

ـِدَر

Pp

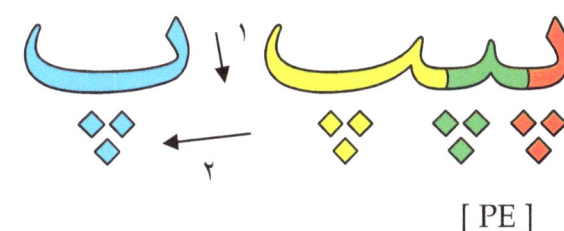

ﭙ ﭘ ﭙ پ

۱ ۲

[PE]

پ

پا

پَر

پیاز

توپ

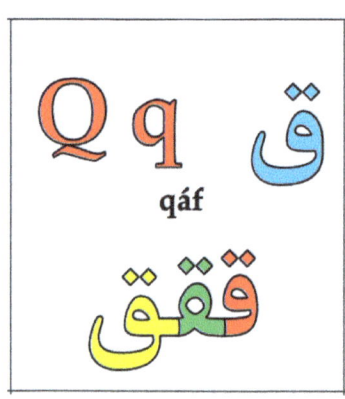

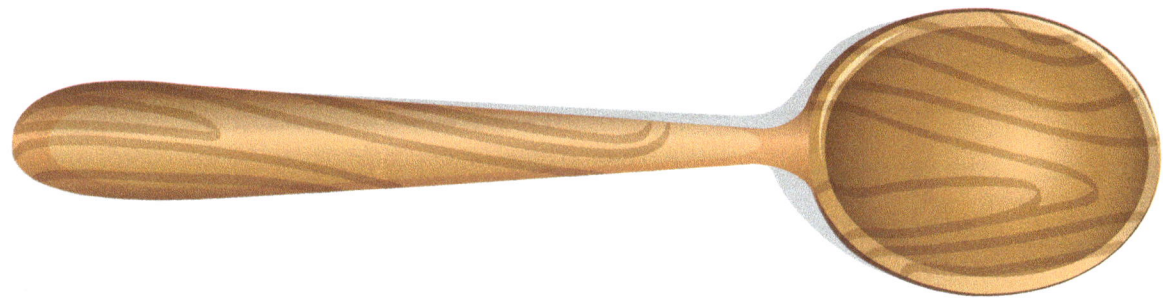

Q q ق

qáf

قـقـق

قاشُق

ـاشُـ

Englisi Farsi Persian Practice Book: The Persian Alphabet Alef Báye Fársí

Qq

ق ق ق ق

[QÁF]

ق

قایِق

مَشق

قاشُق

قوری

Englisi Farsi Persian Practice Book: The Persian Alphabet Alef Báye Fársí

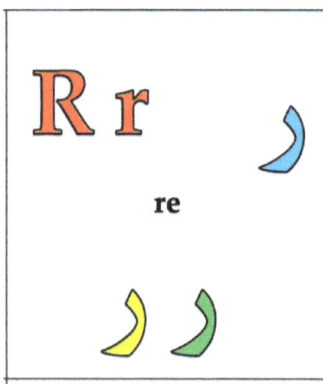

R r ر

re

ر ر

روباه

_ وباه

Englisi Farsi Persian Practice Book: The Persian Alphabet Alef Báye Fársí

Rr

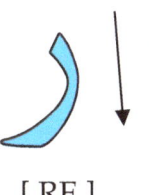

ر

[RE]

ر

سَر

مَرد

بار

رَنگ

S s س

sin

سسس

سیاه

سـیاه

Englisi Farsi Persian Practice Book: The Persian Alphabet Alef Báye Fársí

Ss

[SIN]

س

سَر

دَست

سَبَد

بوس

Englisi Farsi Persian Practice Book: The Persian Alphabet Alef Báye Fársí

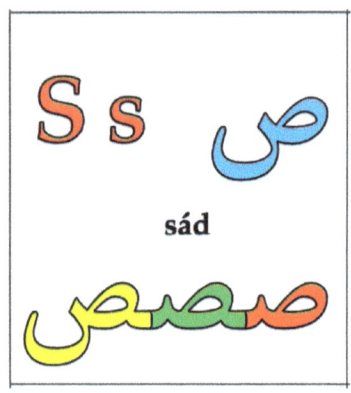

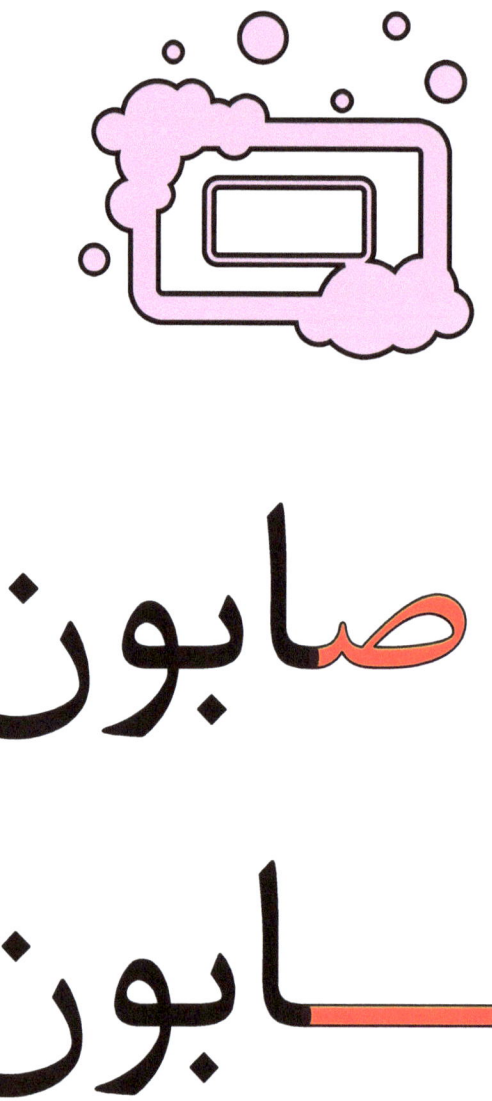

S s ص

sád

صصص

صابون

ـــابون

Ss

صـصـصـ ص

[SÁD]

ص

صِدا

فَصل

صَندَلی

صَدَف

Englisi Farsi Persian Practice Book: The Persian Alphabet Alef Báye Fársí

S s ث

se

ثثث

مُثَلَّث

مُـٮَـلَّــ

Englisi Farsi Persian Practice Book: The Persian Alphabet Alef Báye Fársí

Ss

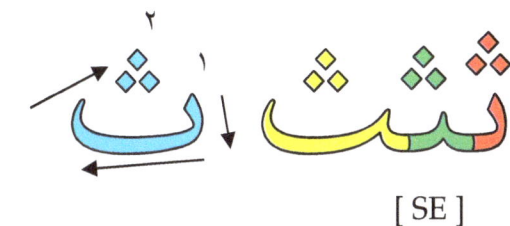

ثثث

[SE]

ث

ثانیه

مُثَلَّث

کَثیف

لِثه

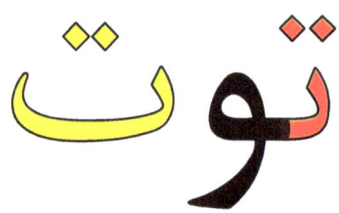

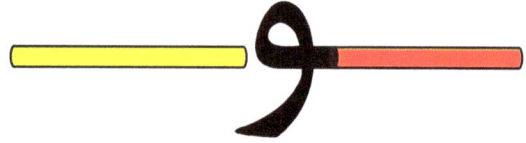

T t ت

te

تتت

توت

ـوـ

Englisi Farsi Persian Practice Book: The Persian Alphabet Alef Báye Fársí

Tt

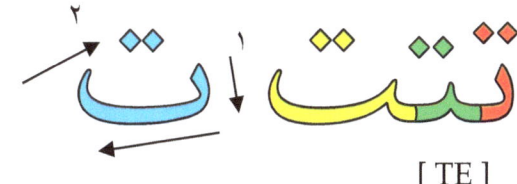

تـتـت ت

[TE]

ت

توت

تَب

دوست

سوت

Englisi Farsi Persian Practice Book: The Persian Alphabet Alef Báye Fársí

Tt ط

tá

ططط

طاووس

ـــاووس

Englisi Farsi Persian Practice Book: The Persian Alphabet Alef Báye Fársí

Tt

ططط ط

[TÁ]

ط

طوطی

سَطل

طاووس

طَبل

Englisi Farsi Persian Practice Book: The Persian Alphabet Alef Báye Fársí

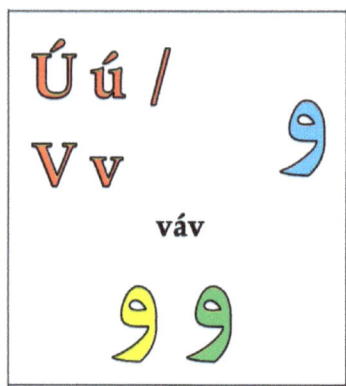

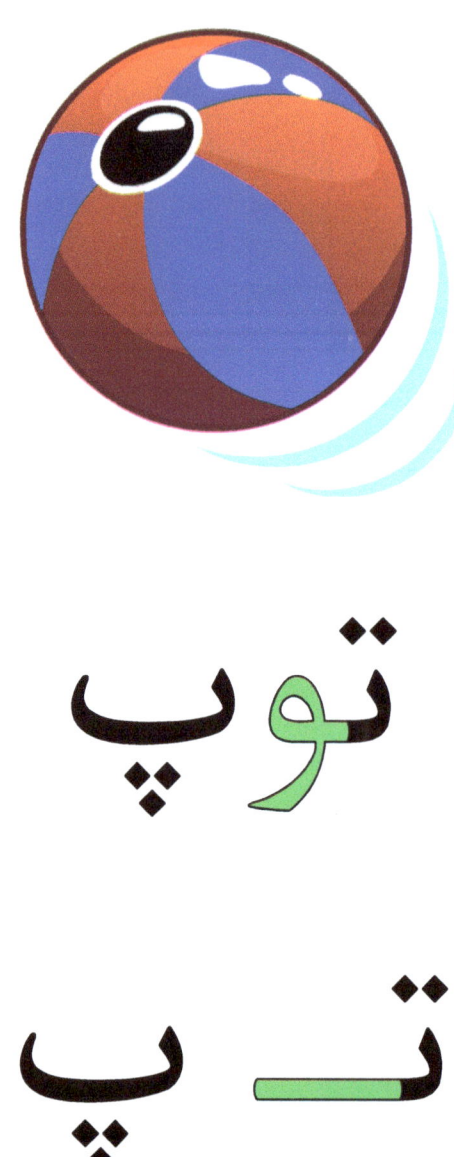

Ú ú /
V v

و

váv

و و

توپ

تــ پ

Úú

و

[VAV]

و

دود

مو

بو

او

Englisi Farsi Persian Practice Book: The Persian Alphabet Alef Báye Fársí

Ú ú /
V v

و

váv

و و

وانِت

ـ انِت

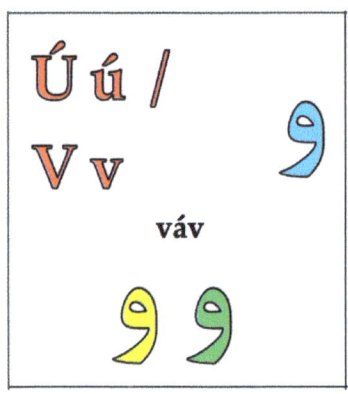

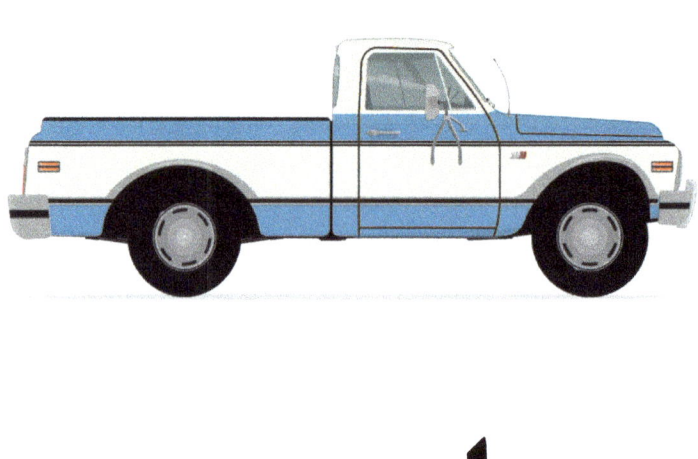

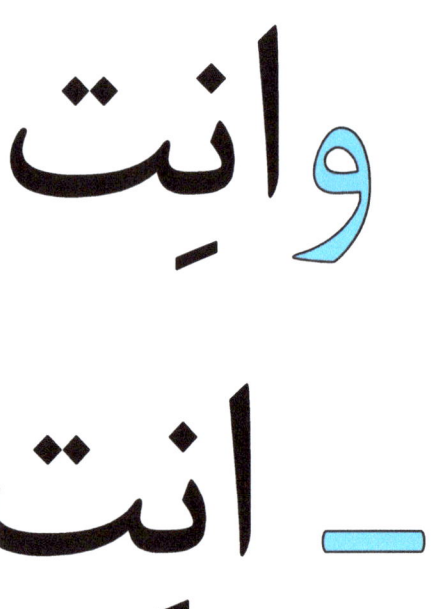

Vv

و ا

[VAV]

و

میوِه

وان

وَرزِش

سَماوَر

Englisi Farsi Persian Practice Book: The Persian Alphabet Alef Báye Fársí

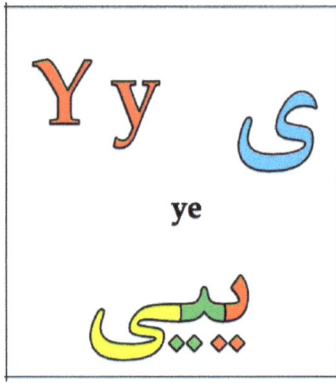

Y y ی

ye

ییی

۱

یک

ـک

Englisi Farsi Persian Practice Book: The Persian Alphabet Alef Báye Fársí

Yy

ییی ی

۱

[YE]

ی

سینی

آبی

بَستَنی

ایرانی

Englisi Farsi Persian Practice Book: The Persian Alphabet Alef Báye Fársí

Z z ذ

zál

ذ ذ

ذُرَّت

ـ رَّت

Englisi Farsi Persian Practice Book: The Persian Alphabet Alef Báye Fársí

Zz

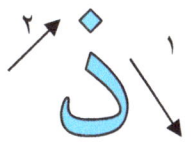

ذ

[ZÁL]

ذ

ذُرَّت

لِذَّت

گُذَشت

اَذیَّت

Englisi Farsi Persian Practice Book: The Persian Alphabet Alef Báye Fársí

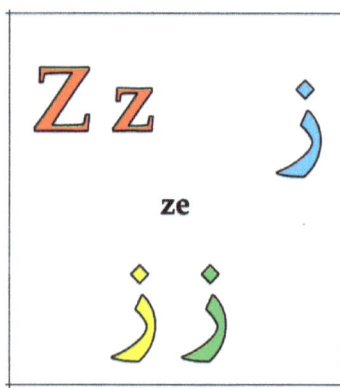

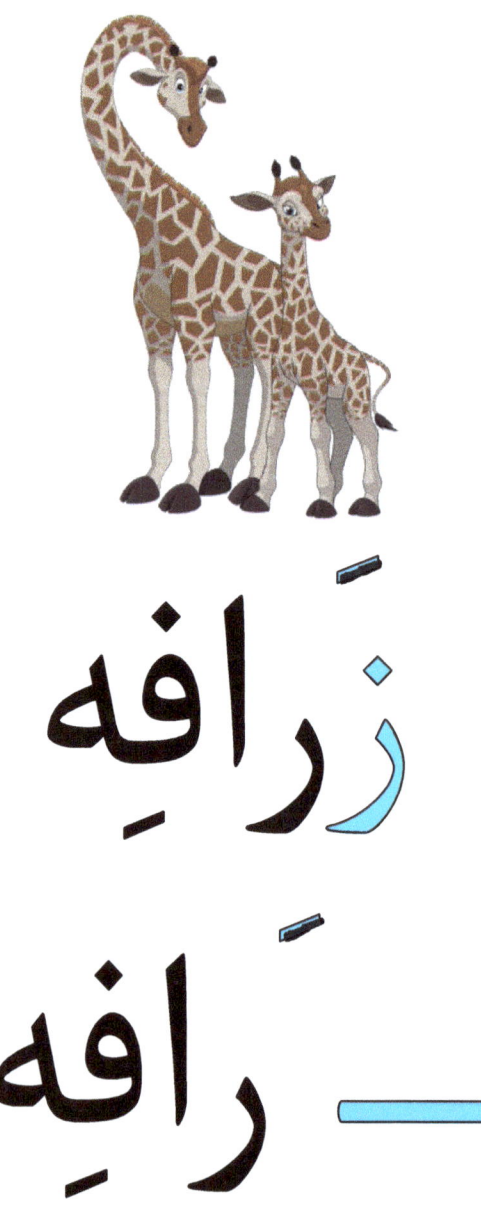

Zz ز

ze

ز ز

زَرافِه

ـَ رافِه

Zz

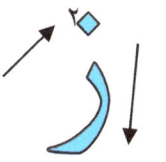

[ZE]

ز

زَن

زَرد

سَبز

بازی

Englisi Farsi Persian Practice Book: The Persian Alphabet Alef Báye Fársí

Z z ض

zád

ضضض

ضیافَت

ـیافَت

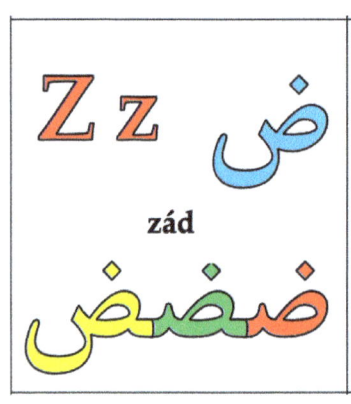

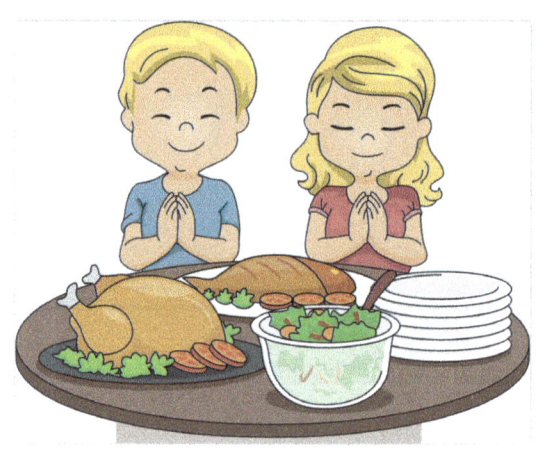

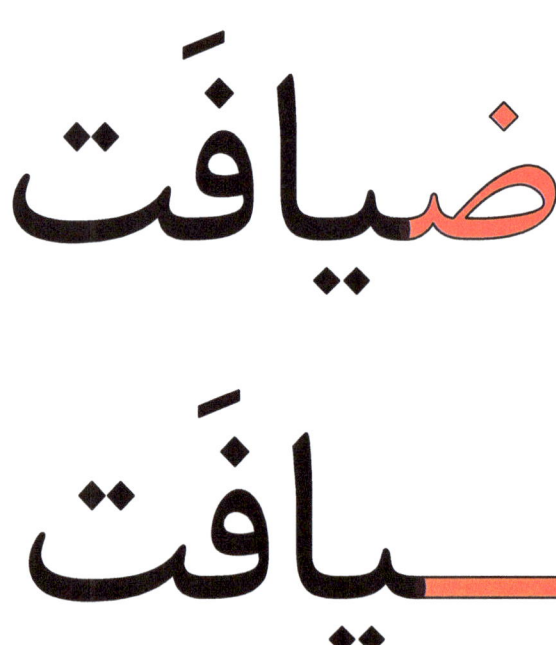

Zz

[ZÁD]

ض

ضَرب

قَضا

فَضا

ضَد

Englisi Farsi Persian Practice Book: The Persian Alphabet Alef Báye Fársí

Z z ظ

zá

ظظظ

ظَرف

ـَرف

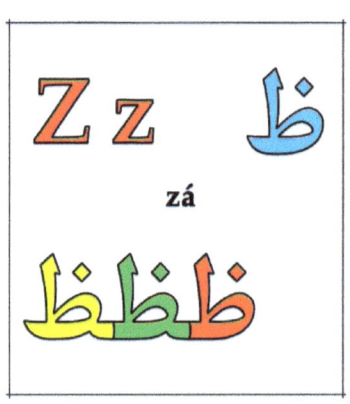

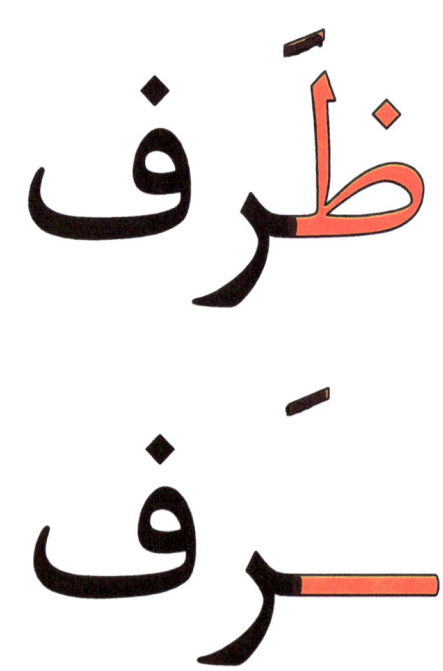

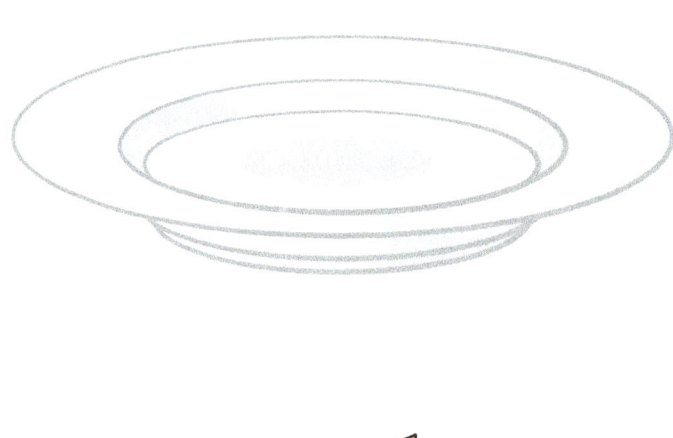

Zz

ظـ ـظـ ـظ ظ

[ZÁ]

ظ

ظُهر

ظَرف

نَظم

مَنظَرِه

Englisi Farsi Persian Practice Book: The Persian Alphabet Alef Báye Fársí

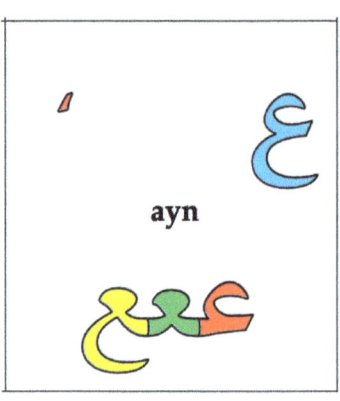

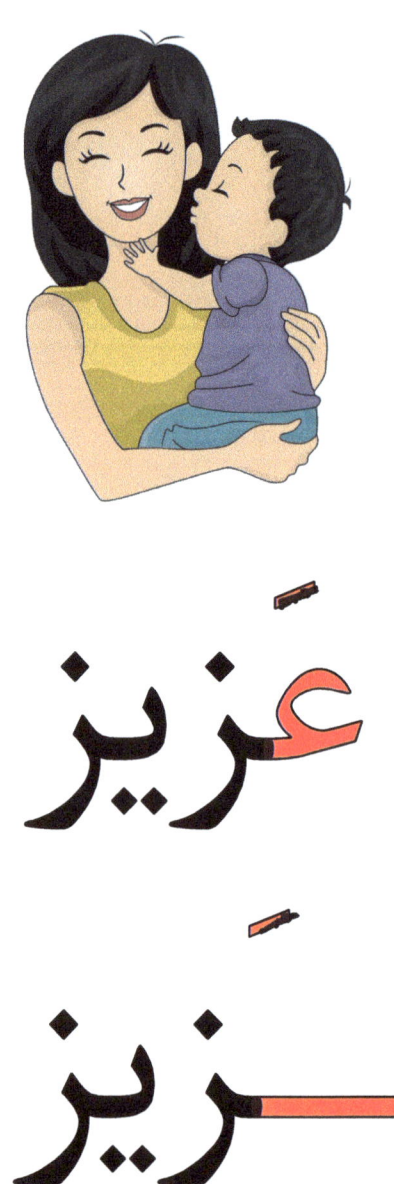

ʿ ع

ayn

ععع

عَزیز

ـَزیز

ععع ع
[AYN]

ع

عَروس

عَسَل

شُجاع

عَروسَک

Englisi Farsi Persian Practice Book: The Persian Alphabet Alef Báye Fársí

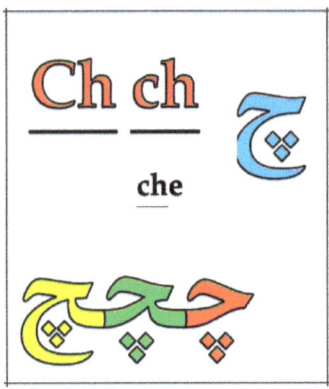

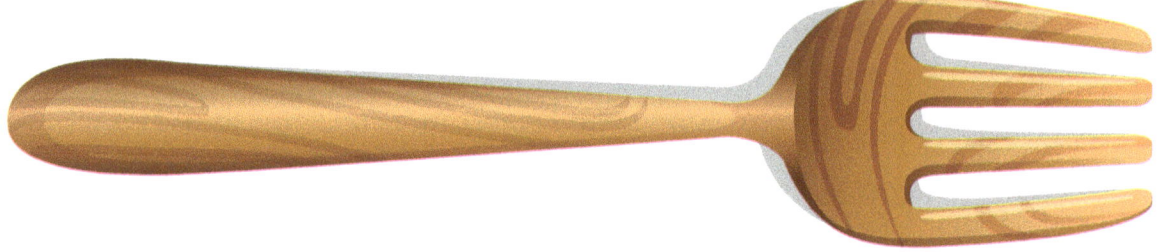

Ch ch چ

che

چچچ

چَنگال

ـــنگال

Ch

چـ ـچـ ـچ چ

[CHE]

چ

چَتر

پیچ

چَرخ

مورچِه

Englisi Farsi Persian Practice Book: The Persian Alphabet Alef Báye Fársí

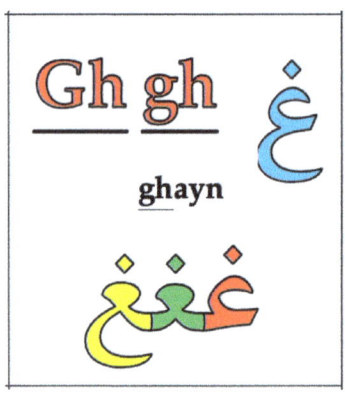

Gh gh غ

ghayn

غـغـغ

غَذا

ـَذا

Englisi Farsi Persian Practice Book: The Persian Alphabet Alef Báye Fársí

Gh

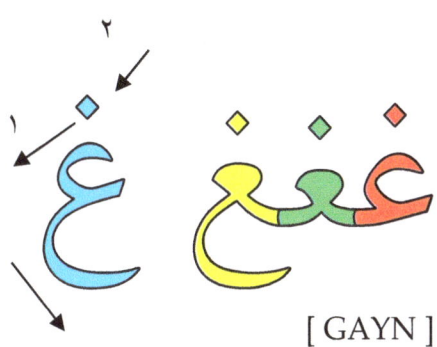

غغغ غ

[GAYN]

غ

غَذا

مُرغ

غاز

جُغد

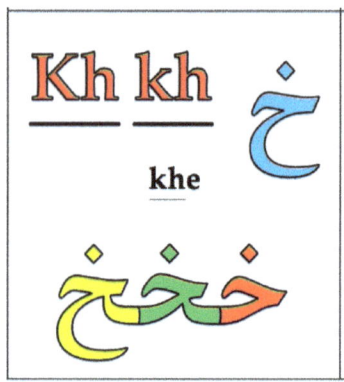

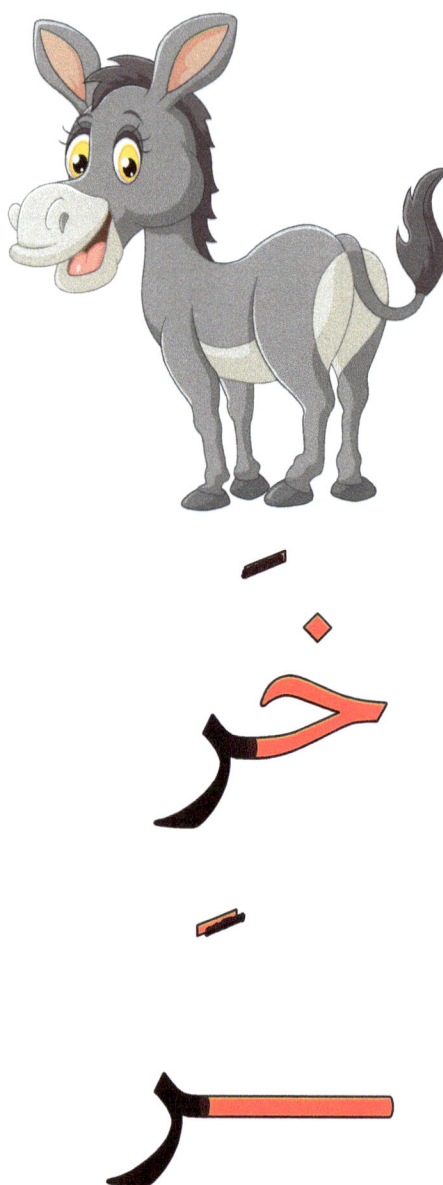

Kh kh خ

khe

خخخ

خَر

ـَر

Englisi Farsi Persian Practice Book: The Persian Alphabet Alef Báye Fársí

Kh

خ خخخ

[KHE]

خ

خانِه

خیار

دُختَر

خَرگوش

Englisi Farsi Persian Practice Book: The Persian Alphabet Alef Báye Fársí

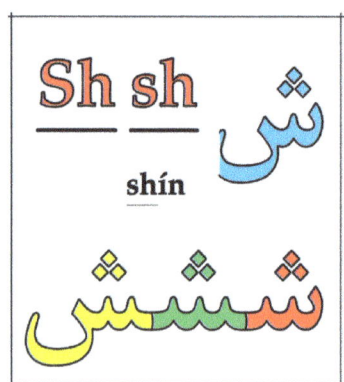

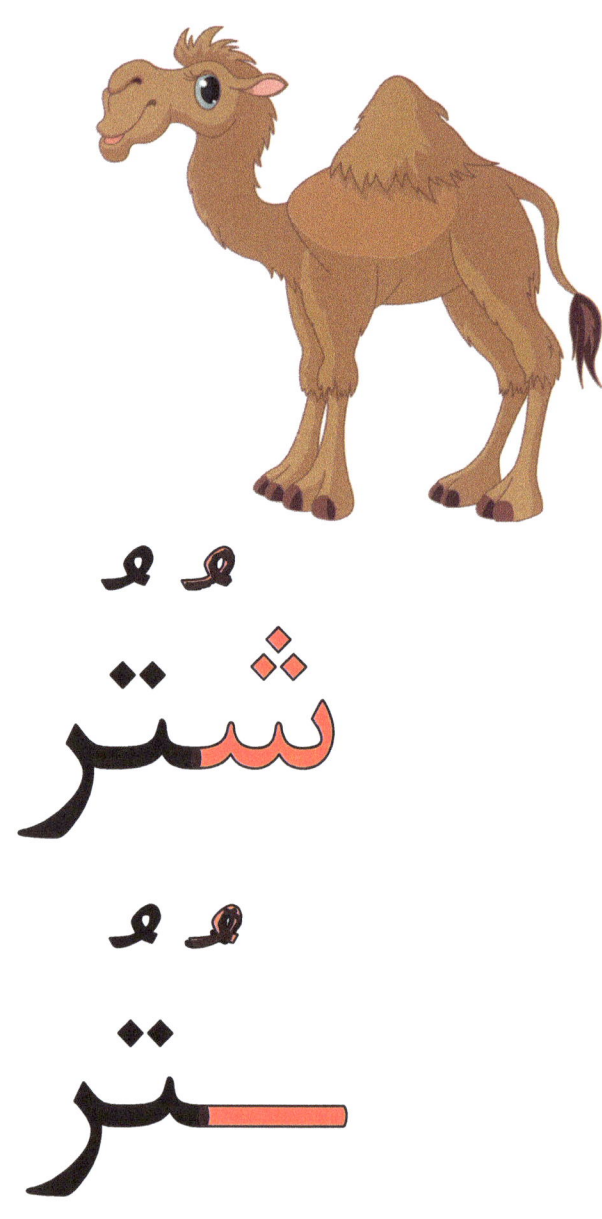

Sh sh ش

shín

ششش

شتر

ـــتر

Sh

ش ششش

[SHIN]

ش

شَب

شیر

موش

ماشین

Englisi Farsi Persian Practice Book: The Persian Alphabet Alef Báye Fársí

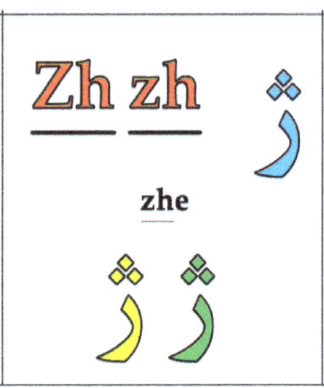

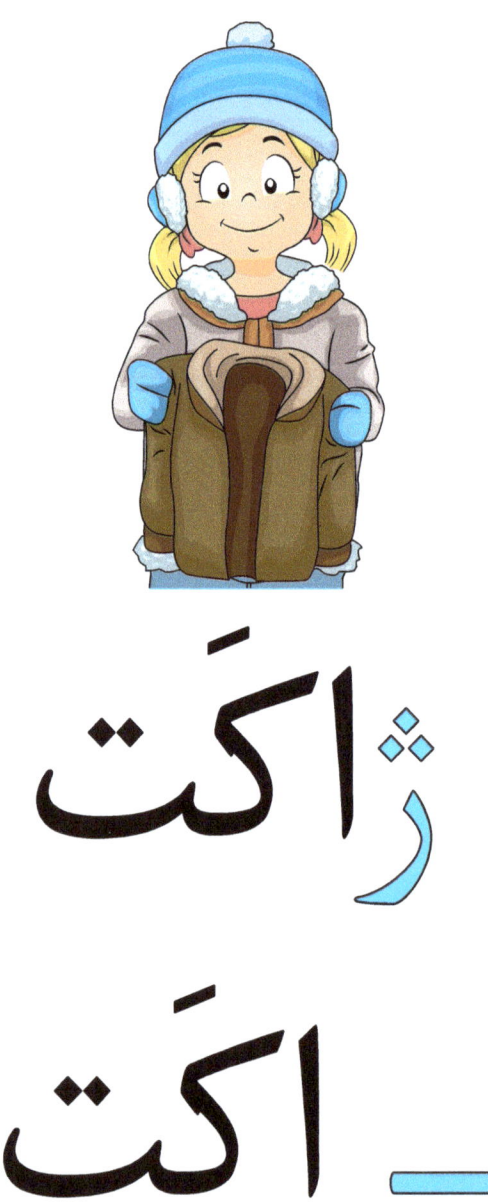

Zh zh ژ

zhe

ژ ژ

ژاکَت

___ اکَت

Zh

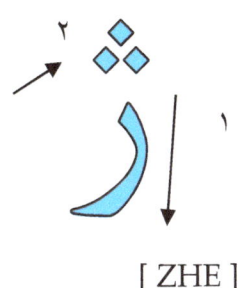

ژ

[ZHE]

ژ

ژاکَت

ژالِه

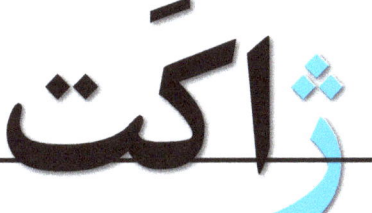

گاراژ

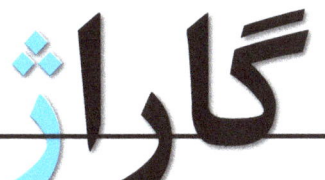

ماژیک

www.ingramcontent.com/pod-product-compliance
Lightning Source LLC
Chambersburg PA
CBHW061536010526
44107CB00066B/2884
* 9 7 8 0 6 4 5 5 4 8 6 4 8 *